SKOGÄNG 2006

Ola Skogäng

Le vampire de Stockholm

Le sang de la momie 1/3

Les 400 co

ROTOR

Pour mes quatre « S » :
Shelley, Stoker, Shakespeare et Sussie.

Nous remercions le Conseil des Arts du Canada de l'aide accordée à notre programme de publication et la SODEC pour son appui financier en vertu du Programme d'aide aux entreprises du livre et de l'édition spécialisée.

Nous reconnaissons l'aide financière du gouvernement du Canada par l'entremise du Programme d'aide au développement de l'industrie de l'édition (PADIÉ) pour nos activités d'édition.

Gouvernement du Québec – Programme de crédit d'impôt pour l'édition de livres – Gestion SODEC

Théo 1. *Le sang de la momie : Le vampire de Stockholm*
a été publié sous la direction de Michel Viau.

Infographie : Renald Bergeron
Traduction : Lena Blondel
Correction : Louise Chabalier

Publié originalement en Suède par Kartago Förlag, sous le titre ***Theos ockulta kuriositeter : Mumiens blod***, en 2008.

© 2010 Ola Skogäng et les Éditions Les 400 coups
Montréal (Québec) Canada

Dépôt légal – 2e trimestre 2010
Bibliothèque et Archives nationales du Québec
Bibliothèque et Archives Canada

ISBN 978-2-89540-496-5

Catalogage avant publication de Bibliothèque et Archives nationales du Québec et Bibliothèque et Archives Canada

Skogäng, Ola, 1974-

Théo Le sang de la momie 1. Le vampire de Stockholm

(Rotor)
Bandes dessinées.
Traduction de: Theos ockulta kuriositeter.
L'ouvrage complet comprendra 3 v.

ISBN 978-2-89540-496-5 (v. 1)

I. Titre. II. Collection: Rotor.

PN6790.S88T4314 2010   741.5'9485   C2010-940794-6

Là,
il est en
isolement !

RUNGÅRDEN

PRIVAT*

On a essayé
de le mettre avec
tous les autres,
mais il leur a fichu
les chocottes !

* PRIVÉ

DONG DONG DONG

Les croquettes pour chat n'ont duré que deux jours. Sinon, Bastian n'a mangé que des chips de fromage et des brioches à la cannelle. T'as trouvé le livre à Londres? Félicia

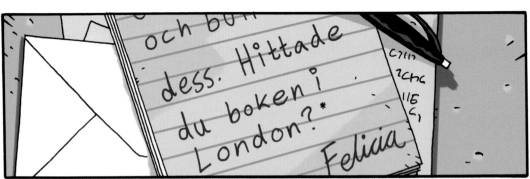

* T'as trouvé le livre à Londres ?

Eh non !

Pas de solution en Angleterre non plus! Ma quête se poursuit...

Encore une pincée de sel et de poivre, et ça va être fin prêt !

Avec des boulettes de viande, il faut de la confiture d'airelles ! On dirait qu'il n'y en a plus ! Il doit en rester un pot à la cave.

KLICK
KLICK

C'est pas vrai ?!
L'ampoule
a encore pété !

* Conflture d'airelles

Il fait noir
comme une nuit d'hiver
sans lune !

Où est donc
cette conflture ?

KNRK

* PIX: un miracle pour la gorge et la poitrine

15

L'été prend déjà les couleurs de l'automne, avec son parfum intense de feuilles en décomposition qui amènent...

Halloween !

Max, tu vas encore te faire aider par ton copain là, la bête de foire ?

* Preuves

Il est bizarre, ce sang !

C'est de la confiture d'airelles !

C'est ça qui est vraiment étrange...
aucune trace de sang !
Le crâne a été complètement défoncé
et le corps vidé de son sang,
mais les agents n'en ont pas trouvé
la moindre goutte et ils ont même fouillé
toute la maison !!

Et c'est pour ça que t'as besoin de moi ?

Oui, exactement !
Théo,
tu sais quoi sur
les vampires ?

* Je m'en occupe !

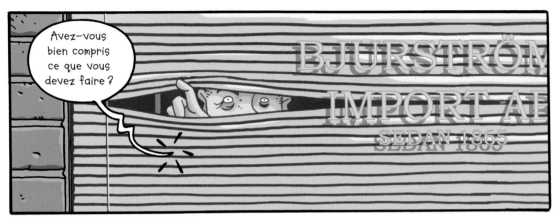

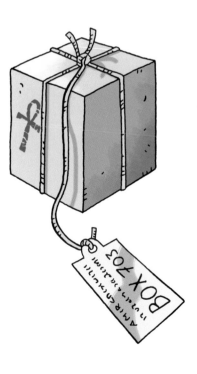

* Pain de seigle 3,95   ** Montre ta carte d'identité quand tu achètes des cigarettes

Zut,
j'ai oublié de livrer
le paquet.

Maître !

Je vous ai trahi !
J'ai été vaincu par Théo
et puis les sirènes
m'ont fait
prisonnier.

Tu ne
m'as pas
trahi !

Tes âneries nous
ont appris quelque chose
d'important !
Théo a un point faible !
La prochaine fois
on va s'attaquer
à la fille !

N°13

THEOS
OCKULTA
KURIOSITETER *

* La brocante de l'occulte

VI HAR TYVÄRR
FRUKTANSVÄRT
STÄNGT
·SORRY· **

** Désolé, mais on est horriblement FERMÉ.

Des vampires,
t'as dit ?

Selon mon expérience, il s'agit de faux la plupart du temps.

Une bande de gosses boutonneux qui affirment avoir été mordus par Nosferatu peu après la sortie d'un nouveau film hollywoodien ! Puis, il y a des cas qui sont un peu plus difficiles à expliquer. Et peut-être, mais seulement peut-être, qu'il y en a qui ne sont pas complètement extravagants...

La comtesse Élisabeth Báthory prenait de longs bains dans le sang frais pour rester jeune, et le père Rodrigo, en Amérique du Sud, buvait celui des indigènes pour accéder à la vie éternelle. John Haig dévorait ses victimes, et je n'ai pas besoin de mentionner Vlad Tepes ! Et puis, on a aussi un vampire timide suédois !

C'était la nuit de Walpurgis. Lilly et Mimmi, deux prostituées, étaient en train de se morfondre dans l'appartement de la première. Aucune des deux n'attendait de client.

On ne peut pas dire qu'elles étaient à l'apogée de leur carrière et la semaine d'après il y avait le loyer à payer.

Tout d'un coup le téléphone a sonné. Lilly n'a pas reconnu la voix de l'homme, mais puisqu'elle avait besoin de l'argent, elle l'a laissé venir.

Mimmi est donc allée à son appartement
au premier étage, déçue de ne pas avoir eu
de client elle aussi. C'était la dernière fois
qu'elle voyait Lilly en vie.

Sans nouvelles de celle-ci
depuis trois jours, Mimmi
a contacté la police. Ils ont enfoncé
la porte. Mimmi a été la première
à entrer dans l'appartement.
Ce qu'elle a vu allait la hanter
pendant le reste de sa vie.

Lilly était allongée sur un fauteuil avec le crâne ouvert et le corps vidé de son sang. Le meurtrier n'en avait pas laissé
tomber une seule goutte. Exactement dans le style de notre nouveau vampire !

Aucune trace de bagarre ! La seule chose digne d'intérêt,
mis à part le cadavre, était une louche avec un peu de sang
dessus. On l'avait trouvée derrière l'évier; on aurait dit
qu'on l'avait utilisée pour s'abreuver du sang de Lilly.

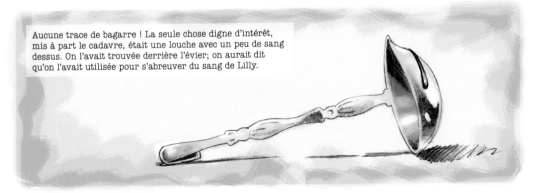

Ça ressemble drôlement à notre cas. À l'exception de la louche bien évidemment ! C'est bizarre que je n'en aie pas encore entendu parler ! On a toujours affaire à ce genre de cas dans notre Unité d'investigation criminelle ! Mais l'auteur du crime ne peut pas être le même. Si oui, il serait presque centenaire aujourd'hui !

Ils ont voulu taire l'affaire. Probablement pour ne pas provoquer de panique.

Hissss!

S'il s'agit réellement d'un vampire, l'âge n'est pas un problème ! Vu qu'on n'a jamais attrapé personne, il est bien possible qu'il s'agisse du même ! Mais il reste une question. Pourquoi ne s'est-il rien passé depuis 1932 ?

BRRRIIIIING!

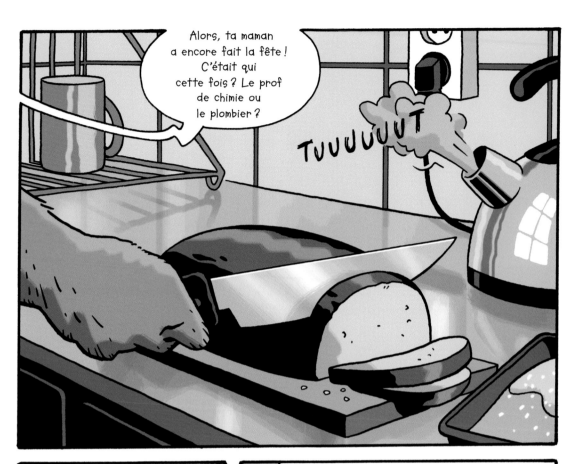

On n'est pas censé aller quémander des bonbons avec les copains ?

Si !

Mais vu que t'es mon seul copain, ça ne va pas marcher. Les gens vont être terrorisés si un ours de deux mètres se pointe à leur porte !

Nº 13

Deux mètres... et quinze centimètres !

STÄNGT

THEOS OCKULTA KURIOSITETER

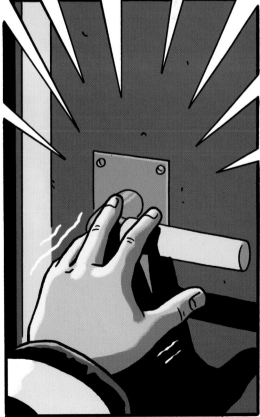

* Oh là là, un appel ! Je me demande qui ça peut être !

« La brocante de l'occulte » et tout ce que vous cherchez dans le monde mystérieux et... Euhh, bonjour madame Karlsson ! Oui, Félicia est ici mais... non... mais, vous ne pouvez pas me coller votre fille comme ça, j'ai du boulot... Allô !?

Génial !

Bonjour, Théo ! Est-ce que c'était maman ?

Ouais, il paraît qu'elle va en croisière en Finlande avec l'avocat ! Elle veut que je te garde jusqu'à demain... Tu pourrais peut-être t'occuper de la boutique, parce que moi je dois aider Max.

J'ai déjà préparé le petit-déjeuner ! Max est venu pendant que tu dormais ! Il a laissé une adresse où nous devons le rejoindre quand tu seras bien réveillé. Un autre meurtre de vampire ! Au fait, la nourriture du chat est mauvaise... très mauvaise !

Super !

Est-ce que Max a vraiment dit de t'amener? Il vaut mieux que tu restes ici !

Jamais ! Je suis mineure et on n'a pas le droit de me laisser sans surveillance ! Je vais le dire à maman !

* Loket remplace Robinson

* Un autre meurtre tôt ce matin, page 10   ** Un célèbre chef nazi s'évade, page 7

On a fini ici !
Il n'y a plus rien
à voir !

Ok, Théo !
J'arrive !

Mais comment...
Ce n'est pas possible qu'il ait
trouvé quelque chose
que moi j'ai loupé.
J'ai fouillé partout !

... qu'est-ce que
j'ai bien pu rater ?

Fin
de la première
partie

La suite de cette aventure de THÉO dans
La confrérie de l'étrange.

DANS LA MÊME COLLECTION

Les 400 coups

ЯOTOR

Visitez la page Rotor sur Facebook